Danites Group Bible Study Series &
Otakada.Org Publishing

Leben mit Ewigkeit im Blick

Überarbeitete Ausgabe 2019

Raphael Awoseyin

Einführung

Überall auf der Welt treffen sich christliche Gruppen regelmäßig zum Bibelstudium, oft innerhalb enger zeitlicher Grenzen. Zu solchen Treffen gehört das, was wir Sonntagsschule nennen - normalerweise vor einem Gottesdienst in der Kirche. Eine große Herausforderung dieser Stipendien ist die Notwendigkeit, ein Studium zu haben, das innerhalb des engen Zeitplans abgeschlossen werden kann und den Teilnehmern dennoch die Möglichkeit gibt, zu lernen, wie sie sich auf ihr tägliches Leben anwenden können. Die Danite Group Bible Study (DGBS) -Reihe ist eine Antwort auf diese Herausforderung.

Die Reihe verfolgt zwei Ziele: Erstens müssen sie zu einer praktischen Anwendung der Grundsätze der Bibel auf das Leben der Teilnehmer und auf ihre Umgebung führen. Zweitens muss jedes Lernmaterial die richtige Länge für ein aussagekräftiges einstündiges Gruppenstudium haben.

Jede Ausgabe von DBGS basiert auf einem Thema, das für ein Vierteljahr (3 Monate) bestimmt ist, und umfasst zwölf Studien. Die Absicht ist, dass die Gruppe jede Woche eine einstündige Studie zum vierteljährlichen Thema durchführt.

Um das Beste aus jeder Studie herauszuholen, ist es wichtig, dass die Studie partizipativ ist. Das Lesen der Haupttexte sollte unter den Teilnehmern geteilt werden, wonach alle gemeinsam den Schlüsselvers lesen sollten. Die im Lehrstil verfassten Abschnitte der Studie werden von Personen gelesen, die vom Leiter nominiert wurden, während die folgenden Fragen die Diskussion anregen. Am Ende jeder Studie werden einige Einzelstunden vorgeschlagen. Die Studienleiter sollten diese Punkte sowie zusätzliche Erkenntnisse hervorheben, die sich aus den Diskussionen ergeben können.

Während die Materialien auf Gruppenbibelstudien abzielen, sollten Einzelpersonen sie auch beim persönlichen Lernen hilfreich finden. Wie auch immer Sie sie einsetzen, ich bete, dass der Heilige Geist Ihr Leben durch sie bereichert.
**
Raphael Sunday Awoseyin
Gründer und Autor
Lagos, Nigeria

Über t Autor er

Raphael Sunday Awoseyin ist ein in Nigeria geborener professioneller Ingenieur, der sowohl in Nigeria als auch im Vereinigten Königreich gechartert ist. Als Junge war er ein gläubiger Katholik und diente in der katholischen Kirche in seiner Heimatstadt der Messe. Kurz vor seinem 15. Geburtstag im Jahr 1968 lernte er Jesus Christus auf der High School persönlich kennen . Er verfügt über mehr als 40 Jahre Erfahrung in der Öl- und Gasindustrie und ist außerdem ein begeisterter Softwareentwickler. Er ist ein begabter Bibellehrer, der die praktische Anwendung der Bibel im täglichen Leben des Christen betont. Er ist Gründer der Danite- Unternehmen Danite LLC und Danite Limited - einer Technologieberatungsgruppe. Mit der Wahl der Marke „ Danite " für seine christlichen Schriften möchte er betonen, dass der Glaube an Jesus Christus für einen Christen das Berufsleben durchdringen muss. Er ist mit Sarah verheiratet und sie haben drei Kinder - Yekemi , Adenike und Raphael (Jr.), die jetzt alle Erwachsene sind. Sie können ihm eine persönliche E - Mail an senden *rsawoseyin @ gmail .com* .

Über den Herausgeber - Otakada.org

Über Otakada.org - Wir bieten Ihnen über 2.000.000 auf Glauben basierende und von Glauben inspirierte Produkte und Dienstleistungen für die Glaubensgemeinschaft und Online-Suchende an einem Ort!

Unsere Leidenschaft auf otakada.org ist es, Glaubensgemeinschaften auszurüsten und Online-Suchende durch gesunde Inhalte, Produkte und Dienstleistungen zu erreichen, die ganzheitlich den Geist, die Seele und den Körper des Einzelnen an einem Ort stärken!

Wer wir bei Otakada.org sind, ist an unsere Werte, Vision und Mission gebunden, wie im Folgenden hervorgehoben:

Otakada-Werte: Integrität, Exzellenz, Geschwindigkeit und Rentabilität.

Otakada Vision: Wir stellen uns eine disziplinierte Welt vor.

Otakada-Mission: Unsere Ressourcen werden darauf ausgerichtet sein, auf Glauben basierende gesunde Produkte und Dienstleistungen für den weltweiten Vertrieb und die weltweite Anwendung zu entdecken, zu nutzen und freizusetzen.

Unser Ziel bei otakada.org ist es, bis 2040 100 Millionen Online-Communitys zu erreichen ... und bei uns zu bleiben.

Unter https://shop.otakada.org können Sie auch nach Waren und Dienstleistungen, Geschenken und vielem mehr suchen

Diese Ausgabe

Praktisch jede Religion auf der Welt existiert auf der Grundlage eines Bewusstseins, dass es ein Leben jenseits des Aufenthalts des Menschen auf dieser Erde gibt. Die Religionen zielen darauf ab, den Menschen auf das Leben nach der Erde vorzubereiten. Es ist ein Rätsel, dass jeder Mensch, der in diese Welt hineingeboren wird, dieses Bewusstsein intuitiv gewinnt. Es gibt natürlich Philosophen und Pseudowissenschaftler, die behaupten, dass unsere Zeit auf Erden alles ist, was zum Leben da ist. Diese Versuche haben es jedoch nicht geschafft, das Bewusstsein jedes Menschen, das Bewusstsein des Lebens jenseits des Grabes, auszulöschen. Es geht um die Ewigkeit - die Tatsache, dass der echte Mann jenseits des Grabes lebt

Während wir wissen, dass die Ewigkeit mit Gott das Schicksal eines jeden ist, der zu Jesus kommt, gibt es einen wichtigen Meilenstein, den jeder auf seinem Weg in die Ewigkeit überschreitet - es ist der Punkt, an dem unser Leben auf der Erde endet und das wahre ewige Leben beginnt.

** *

Raphael Awoseyin
Lagos, Nigeria

Table of Contents

Leben mit Ewigkeit im Blick 1
   Überarbeitete Ausgabe 2019 1

Einführung 3

Über t Autor er 5

Über den Herausgeber - Otakada.org 6

Diese Ausgabe 8

Studie 1 - Das Gefühl der Ewigkeit 11
   Haupttext 11
   Schlüsselvers 11
   Hauptlernpunkt s : 13
      Gebet: 14

Studie 2 - Wache halten 15
   Haupttexte 15
   Schlüsselvers 15
      Gebet 18

Studie 3 - Leben mit einer Vision 19
   Haupttexte 19
   Schlüsselvers 19
   Hauptlernpunkt s : 22
      Gebet: 23

Studie 4 : Wachsen im Wissen 23
   Haupttexte 23
   Schlüsselvers 23
      Gebet : 27

Studie 5 - Leben in Liebe 28
   Haupttext 28
   Schlüsselvers 28
      Hauptlernpunkt s : 31
      Gebet : 32

Studie 6 - In die Ewigkeit investieren 33
   Haupttext 33

Schlüsselvers 33
    Hauptlernpunkt s :..36
    Gebet :..37

Studie 7 : In Reinheit leben 38
    Haupttext 38
    Schlüsselvers 38
    Gebet :..42

Studie 8 - Leben im Glauben 42
    Haupttext 42
    Schlüsselvers 42
    Gebet :..46

Studie 9 : Durchhalten in Trübsal 47
    Haupttext 47
    Schlüsselvers 47
    Gebet..51

Studie 10 - Das Evangelium predigen 52
    Haupttext 52
    Schlüsselvers 52
    Gebet :..56

Studie 11 - Realität der Ewigkeit....................... 57
    Schlüsselvers 57
    Hauptlernpunkt s :..60
    Gebet..60

Studie 12 - Die Zeit einlösen 62
    Haupttexte 62
    Schlüsselvers 62
    Gebet..65

Studie 1 - Das Gefühl der Ewigkeit

Haupttext : Prediger 12: 1-7; John 14: 1-12; 1. Korinther 15: 13-19

Schlüsselvers: Ecclesiastes 3:11 - "Er hat alles schön gemacht in seiner Zeit. Er hat auch die Ewigkeit in das menschliche Herz gelegt; doch niemand kann verstehen, was Gott von Anfang bis Ende getan hat. "(NIV)

***

1. **Nennen Sie einige Gründe, warum Sie glauben, dass der wahre Mann jenseits des Lebens auf dieser Erde lebt.**

In 1. Mose 2,7 lesen wir: *„Dann bildete der Herr, Gott, einen Menschen aus dem Staub der Erde und hauchte ihm den Atem des Lebens in die Nase, und der Mensch wurde zu einem lebendigen Wesen."* (NIV) Das heißt, der Mensch ist mehr als der physische Körper, den wir sehen. Der physische Körper selbst hat kein Leben in sich. Es beginnt erst zu leben, wenn Gott ihm den Atem des Lebens einhaucht. In Prediger 12: 7 wird der physische Tod als *„... der Geist kehrt zu Gott zurück, der ihn gegeben hat"* beschrieben. Das Bewusstsein, dass wir Gott, unserem Schöpfer, verantwortlich sind, informiert unsere Gedanken und Handlungen - auch von denen, die sich davon zu überzeugen versuchen, dass es keinen Gott gibt . Apostel Paulus stellte sich vor, wie es wäre, wenn es kein Leben jenseits des Grabes gäbe, als er sagte: *„Wenn* *wir nur für dieses Leben Hoffnung auf Christus haben, sind wir* ausgerechnet die *Menschen, die am meisten* Mitleid haben." (1.Korinther 15:19 NIV).

2. **Nennen Sie einige Möglichkeiten, wie unser Bewusstsein für die Existenz von Leben jenseits des Grabes unsere Einstellung zu diesem Leben beeinflusst.**

Jesus Christus hat die Existenz des ewigen Lebens bekräftigt, als er speziell darüber sprach, einschließlich wie sich der Mensch darauf vorbereiten kann. In seinem Gespräch mit Nikodemus (Johannes 3) sprach er vom Himmel und fasste den Weg dorthin in dieser klassischen Botschaft des Evangeliums zusammen: *„Denn Gott hat die Welt so geliebt, dass er seinen einzigen Sohn gab, dass jeder, der an ihn glaubt, nicht zugrunde geht aber hab ewiges Leben "* (Johannes 3:16 NIV). Er sagte später: *„Fürchte dich vor dem, der, nachdem dein Körper getötet wurde, die Autorität hat, dich in die Hölle zu werfen. Ja, ich sage dir, fürchte ihn."* (Lukas 12: 5 NIV.)

3. **Der Apostel Paulus schrieb: *„… Göttlichkeit hat Wert für alle Dinge und ist sowohl für das gegenwärtige als auch für das kommende Leben verheißen."* (1 Tim 4: 8) Führen Sie einige Vorteile für dieses Leben für einige der Dinge auf, die wir tun oder nicht tun tu um der Ewigkeit willen.**

Während die ultimative Vision unseres christlichen Lebens und Wandels eine glückselige Ewigkeit mit Gott ist, werden die Vorteile unseres

Glaubens für das gegenwärtige Leben oft unterschätzt oder gar nicht in unserer Auseinandersetzung mit dem Evangelium erwähnt. Dies erweckt oft den Eindruck, dass Christen „zu himmlisch sind, um von irdischem Nutzen zu sein".

4. **Wie können einige der Vorteile unserer christlichen Werte für dieses Leben genutzt werden, um die Verbreitung des Evangeliums für Ungläubige zu verbessern?**

Hauptlernpunkt s :

- Jeder Mensch, der in diese Welt hineingeboren wird, wird mit dem Bewusstsein geboren, dass das Leben hier auf der Erde nicht endet und dass es etwas jenseits des Grabes gibt. Dieses Bewusstsein treibt den Menschen dazu an, sich auf dieses Leben jenseits des Grabes vorzubereiten, und ist ein Kernziel praktisch aller Religionen. Der Tod ist nur ein Meilenstein für das ewige Leben.
- Unser Bewusstsein für das Leben jenseits dieser Erde beeinflusst die Art und Weise, wie wir denken und leben. Die Bibel ist die Blaupause für eine angemessene Vorbereitung auf das ewige Leben.
- Gottes Blaupause für ein glückseliges ewiges Leben ist auch seine Blaupause für ein erfülltes Leben auf Erden: „... Gottesfurcht hat für alle Dinge einen Wert und ist sowohl für das gegenwärtige als auch für das kommende

Leben verheißen." (1 Tim 4: 8.)). Dies sollte ein zentraler Punkt sein, wenn wir das Evangelium predigen.

Gebet:

Vater, danke für das Versprechen der Ewigkeit mit dir und für das Wohlergehen meines Weges mit dir, auch wenn ich auf Erden bin. Konzentriere mich auf Dinge von ewigem Wert im Namen Jesu. Amen.

Studie 2 - Wache halten

Haupttexte : Matthäus 24: 1 - 44

Schlüsselvers: Matthäus 24:42 - *„ Darum wache, denn du weißt nicht, an welchem Tag dein Herr kommen wird. "* (NIV)
***

Der Zeitpunkt, an dem dieser Meilenstein erreicht wird, ist für alle unterschiedlich, aber für die meisten Menschen liegt er in der Regel weniger als 120 Jahre nach unserem Eintritt in diese Welt. Außerdem haben wir im Allgemeinen keine Vorstellung vom Datum dieses Meilensteins. Jesus sagt, er könnte tatsächlich wiederkommen, bevor manche Menschen diesen Meilenstein erleben. Aber, sagt er, da niemand mit Sicherheit weiß, wann der Meilenstein für ihn oder sie passieren würde, sollten alle, die an ihn glauben, wachsam sein.

1. **Ein Wachmann wacht über bestimmte Eingriffe in die von ihm betreute Räumlichkeit. Führen Sie einige Dinge auf, auf die der Christ achten muss, während er auf den Übergang in die Ewigkeit wartet, und warum er aufpassen muss.**

Die heiligen Schriften machen deutlich, dass es ein Reich Gottes und ein Reich Satans gibt und dass diese sich im Krieg befinden. Je mehr Menschen für Christus leben und den Übergang in die herrliche

Ewigkeit vollziehen, desto erschöpfter ist das Königreich Satans und das größere Reich Gottes. Eines Tages hörten jedoch alle die Erklärung: "Dann hörte ich eine laute Stimme im Himmel sagen: *"Jetzt sind das Heil und die Kraft und das Reich unseres Gottes und die Autorität seines Messias gekommen ..."* (Offb 12,10) Tatsächlich kennen wir den endgültigen Ausgang des Krieges! Davor malt Jesus jedoch in Matthäus 24: 12-24 ein Bild von großer Unruhe und Bedrängnis, selbst wenn das Evangelium auf der ganzen Welt gepredigt wird.

2. **Welche Beobachtungen könnten den Christen heute dazu bringen, den vorhergesagten Ausgang des Krieges zwischen den Reichen Satans und Gottes anzuzweifeln, und wie manifestiert der Christ diesen Zweifel? (Siehe Mat 24: 6-12).**

Eine bewährte Strategie in der Kriegsführung besteht darin, die Armee des Feindes zu infiltrieren. Satan will nicht nur Zweifel an den Folgen des Krieges zwischen den Reichen Satans und Gottes aufkommen lassen, sondern auch die Armee Gottes infiltrieren. Muttermale, die Satan in Gottes Heer gepflanzt hat, können Gottes Heer sehr gut nachahmen und könnten leicht das Vertrauen der echten Armee gewinnen. Jesus warnt also: *„Pass auf, dass dich niemand täuscht."* (Mat 24: 4 NIV); *„... Viele falsche Propheten werden auftauchen und viele Menschen täuschen"* (Mat 24:11 NIV). Siehe auch Vers 24 und 26. Dies sind klare Warnungen vor dieser Infiltration durch die Armeen des Teufels.

3. **Listen Sie einige spezifische Beobachtungen in Ihrer Umgebung auf, die Sie als Hinweis auf die Infiltration von Gottes Armee durch von Satan gepflanzte Maulwürfe betrachten, und wie der Christ mit einer solchen Infiltration umgehen kann.**

Der Christ steht unter ständigem Druck, den Blick von der Ewigkeit abzuwenden und den unmittelbaren Forderungen mehr Aufmerksamkeit zu schenken. Dieser Druck beruht nicht nur auf Satan, sondern auch auf den natürlichen Instinkten. Es ist jedoch wichtig, dass wir die Ewigkeit im Auge behalten und sicherstellen, dass unsere Aufmerksamkeit für die augenscheinliche Zweckmäßigkeit des Augenblicks unsere ewigen Interessen nicht gefährdet .

4. **Geben Sie praktische Beispiele für Situationen, in denen sich ein Christ befinden könnte, in denen ewige Interessen leicht untergraben werden könnten, um eine unmittelbare irdische Befriedigung zu erreichen.**

Hauptlernpunkt s :

- So wie ein Wächter unter seiner Beobachtung auf Einfälle in die Räumlichkeiten achtet, muss der Christ auf Dinge achten, die seine Vision von der Ewigkeit ablenken sollen. Einige davon sind: subtile Verfälschung oder falsche Anwendung von Gottes Wort, falsche Lehren, Abfall vom Glauben und Helden- oder Führungsverehrung.

- Der Aufruhr in der heutigen Welt verleitet einige zu der Annahme, dass Satan die Oberhand hat und dass das Evangelium irrelevant ist. Der Christ muss sich daran erinnern, dass die Turbulenzen Teil des Gesamtplans Gottes sind und das bevorstehende Kommen Christi verstärken. Anstatt Gottes Wort für ungültig zu erklären, bestätigt der Aufruhr nur seine Wahrheit.
- Es gibt einen andauernden Krieg zwischen dem Reich Gottes und dem des Satans. Eine erprobte Kriegsstrategie besteht darin, das Lager des Feindes zu infiltrieren, indem häufig Muttermale in das feindliche Lager gepflanzt werden. Ebenso hat Satan Muttermale in der Kirche, und der Christ muss auf diese Muttermale achten, um nicht auf seiner Reise in die Ewigkeit entgleist zu werden.
- Der Christ wird ständig bombardiert und muss auf kurzfristige Befriedigungen achten, die die ewigen Werte und das Schicksal untergraben.

Gebet :

Vater, gib mir die Gnade, den ewigen Werten bei meinen Entscheidungen und meiner Lebensweise Vorrang einzuräumen, und zwar im Namen Jesu. Amen

Studie 3 - Leben mit einer Vision

Haupttexte: Genesis 3: 1-6; 11: 1-9; Lukas 12: 15-21; Philipper 3: 3-14

Schlüsselvers: Philipper 3:14 - *„Ich gehe weiter auf das Ziel zu, den Preis zu gewinnen, für den Gott mich in Christus Jesus zum Himmel berufen hat. "* (NIV)
***

Das Wort "Vision" hat mehrere Bedeutungen. Es könnte eine übernatürliche Erfahrung sein, in der jemand offenbart, was geschehen ist oder was in Zukunft geschehen wird - wie in einer Manifestation des Heiligen Geistes. "Vision" könnte sich auch darauf beziehen, wie gut man sieht. Im Rahmen dieser Studie definieren wir "Vision" jedoch als die erwartete endgültige Erreichung einer Person oder Organisation - das endgültige Ideal oder den endgültigen Ehrgeiz. Wenn Sie eine Vision haben, zielt alles, was Sie tun, auf die Verwirklichung dieser Vision ab. In 1. Mose 3 hatte Eva die Vision, „wie Gott" zu sein (1. Mose 3: 5). Die Menschen, die sich in Genesis 11 an den Bau des Turms in Shinar machten, hatten die Vision, „sich einen Namen zu machen" (Gen 11: 4). Ein Gouverneur der nigerianischen Zentralbank sagte einmal, seine Vision sei es, der Emir der Stadt Kano zu werden.

1. **Nennen Sie typische Visionen von Menschen, Nationen und Organisationen**

von heute und ihr Potenzial, irregeführt zu werden.

Jeder Mensch braucht eine Vision, um im Leben erfolgreich zu sein, und so ist eine Vision für das Erreichen nicht unbedingt böse. Tatsächlich muss ein Unternehmen eine Vision von dem haben, was es werden möchte, und geeignete Strategien für diese Vision entwickeln. Ein Unternehmer kann eine gesunde Vision haben, ein Unternehmen zu gründen, das den Bedürfnissen einer Gemeinde entspricht. Die Gebrüder Wright hatten die Vision, dass der Mensch wie ein Vogel fliegt. Viele der wichtigsten Fortschritte des Menschen waren auf dem Weg zu einer Vision. Junge Menschen müssen ermutigt und angeleitet werden, eine Vision zu haben, sonst würde ihnen der Fokus im Leben fehlen.

2. **Nennen Sie Beispiele für gesunde Visionen und beraten Sie sie, um die Visionen gesund zu halten.**

In unserer Lektüre in Philipper 3 sehen wir, dass Apostel Paulus ein Mann von großem Ansehen ist. Vor seiner Begegnung mit Jesus Christus schien er eine Vision gehabt zu haben, die vielleicht auf seinem Stammbaum aufbaute - ein hochgelehrter Hebräer, der zum Pharisäer aufstieg usw. Doch nach seiner Bekehrung geschah etwas - diese Vision änderte sich dramatisch, weil es so war unvereinbar mit seinem neuen Status in Christus. Seine *Grundvision lautete: „Den Preis zu gewinnen, für den Gott mich in Christus Jesus zum Himmel berufen hat"* (Phil 3:14). Wir können und sollten zwar Karriere, Familie und andere gesunde Visionen haben, aber all diese Visionen müssen der übergeordneten Vision untergeordnet sein, „um den Preis zu gewinnen, für den Gott [uns] berufen hat".

3. **Teilen Sie persönliche Erfahrungen mit Visionen, die Sie hatten, bevor Sie Christus kannten, die Sie als Folge des Kennenlernens von Christus noch einmal durchgesehen, abgeworfen oder modifiziert haben.**

Wir erreichen unsere Visionen nicht nur, indem wir sie erklären. Eine Vision erfordert die Entwicklung und Annahme geeigneter Strategien, bevor sie verwirklicht werden kann . Ein Unternehmen, dessen Vision es ist, der größte Akteur in seiner Branche zu sein, entwickelt eine Wachstumsstrategie, die sowohl die Akquisition anderer Unternehmen als auch organisches Wachstum umfassen kann. Apostel Paulus teilte einen Teil seiner Strategie für seine endgültige Vision mit, als er sagte: *„Ich renne also nicht ziellos. Ich boxe nicht als einer, der die Luft schlägt. Aber ich diszipliniere meinen Körper und halte ihn unter Kontrolle, damit ich nicht disqualifiziert werde, nachdem ich anderen gepredigt habe. "* (1Co 9: 26-27 ESV).

4. **Lassen Sie die Freiwilligen in der Gruppe ihre Vision für den beruflichen Erfolg teilen, und wie ihre endgültige Vision, den Preis zu gewinnen, den Gott sie genannt hat, ihre Strategie zur Verwirklichung der beruflichen Vision beeinflusst hat.**

Hauptlernpunkt s :

- Jeder sollte Visionen für Dinge wie Karriere, Familie usw. haben. Die Visionen geben uns den Fokus, führen uns dazu, Strategien und Pläne zu entwickeln, und motivieren uns, nach Erfolgen im Leben zu streben.
- Es gibt gesunde Visionen und es gibt ungesunde Visionen. Jede Vision, die wahrscheinlich nicht verwirklicht werden kann, ohne unseren Fokus auf die Ewigkeit zu verwässern oder ohne die biblischen Prinzipien zu gefährden, ist ungesund. Die Schlange verkaufte erfolgreich die Vision, "wie Gott zu sein", an Eva.
- Es werden nicht alle gesunden Visionen erreicht, aber das Nichterreichen einer gesunden Vision bedeutet nicht notwendigerweise ein Scheitern. Ein Schüler, der die Vision hat, ein Astronaut zu sein, erreicht diese Vision möglicherweise nicht. Sein Fokus und seine harte Arbeit auf dieses Ziel hätten ihn jedoch für den Erfolg in einer vielleicht anderen Karriere positioniert
- Es gibt eine ultimative Vision, die jeder Christ haben sollte: Den Preis zu gewinnen, für den Gott uns berufen hat. Alle Visionen, die wir hatten, bevor wir zu Christus kamen, müssen auf ihre Verträglichkeit hin überprüft werden. Einige müssen möglicherweise lang gehegte Visionen als Ergebnis dieser ultimativen Vision verwerfen.

- .

Gebet:

Vater, meine ultimative Vision ist es, den Preis zu gewinnen, für den Sie mich angerufen haben. Zeigen Sie mir Aspekte einer anderen Vision, die mit dieser ultimativen Vision unvereinbar ist, und gewähren Sie mir die Gnade, im Namen Jesu mit ihnen umzugehen. Amen.
.
.

Studie 4 : Wachsen im Wissen

Haupttexte: Epheser 4: 7-14; Kolosser 1: 3-12

Schlüsselvers: *Epheser 4,14 - „Dann werden wir keine Kinder mehr sein, die von den Wellen hin und her geworfen und hier und da von jedem Wind der Lehre und von der List und Schlauheit der Menschen in ihrer betrügerischen Absicht geblasen werden." (NIV)*
***

Mit jedem Unterfangen ist ein Wissensbestand verbunden, den die Praktizierenden besitzen müssen. In der Belobigung der Ameise durch König Salomon (Sprüche 6) sehen wir, wie die Ameise das Wissen über die Zeiten und Jahreszeiten besitzt und über das Sammeln und Lagern von Lebensmitteln informiert. Ein Reisender muss wissen, wie er an sein Ziel kommt - Transportmittel, Zwischenstopps, angemessene Kleidung usw. Die Kenntnis des Evangeliums ist eine unabdingbare Voraussetzung, um auf dem Weg in die Ewigkeit im Himmel zu sein.

1. **Was sind die grundlegenden Dinge, die man *wissen* muss, um eine Wahl für die Erlösung zu treffen? (Diese Dinge machen „das Evangelium auf den Punkt gebracht" aus).**

Während wir zum ersten Mal auf eine Reise gehen, lernen wir neue Dinge, die uns helfen, die ganze Reise zu überleben. Die Reise des Christen in die Ewigkeit ist nicht anders. In einem Brief an die Philipper sagte Apostel Paulus: *„Ich möchte Christus kennenlernen - ja, die Kraft seiner Auferstehung und Teilnahme an seinen Leiden kennenlernen und in seinem Tod wie er werden…"* (Philipper 3:10 NIV). Beachten Sie, dass Paulus diese Worte schrieb, als er bereits ein Apostel Christi war. Er sprach auch über sein Gebet für die Kolosser: *„Wir bitten Gott ständig, Sie mit der Kenntnis seines Willens zu füllen"* (Kolosser 1: 9). In diesen und anderen Abschnitten spricht Paulus von einem Wissen für unsere Reise in die Ewigkeit - über das hinaus, was für die Erlösung erforderlich ist. Unsere Kenntnis von Christus, wenn wir ihm zum ersten Mal unser Leben geben, ist nur der Anfang, ihn zu kennen; Es wird erwartet, dass wir ihn besser kennen, wenn wir mit ihm in die Ewigkeit gehen.

2. **Nennen Sie, indem Sie vergleichen, wie ein Mann und eine Frau sich kennenlernen, während sie zusammenleben, bestimmte Bereiche, in denen sich unser Wissen über Christus vertieft, wenn wir mit ihm wandeln.**

Inwieweit sich Ehemann und Ehefrau im Zusammenleben kennenlernen, hängt von einer Reihe von Faktoren ab. Wenn sie selten miteinander interagieren, kennen sie sich möglicherweise nicht sehr gut, auch wenn sie im selben Haus leben. Früher gab es ein Reality-TV-Spiel, in dem einem Ehemann und einer Ehefrau getrennt Fragen gestellt wurden, um zu testen, wie viel sie voneinander wissen. Beispielsweise kann die Frau gefragt werden, welche Seite des Gesichts sich ihr Ehemann zuerst rasiert, und dem Ehemann wird dieselbe Frage separat gestellt. Um diese Fragen richtig zu beantworten, muss sich das Paar wirklich kennen!

3. **Welche besonderen Gewohnheiten muss ein Christ pflegen, um in seinem Wissen über Christus zu wachsen, und wie kann er dieses Wachstum bestätigen?**

Eine der Herausforderungen, denen sich moderne Pfingstkirchen gegenübersehen, ist die Tendenz, eine Gemeinde zu pflegen und daher auf einem sehr begrenzten Wissensgebiet zu wachsen. Dies wird normalerweise durch den bevorzugten Bereich des Kirchenleiters bestimmt - wie „Manifestationen des Heiligen Geistes", „Christliches Geben", „Befreiung" usw. Wie wir bei der Erörterung von Frage 2 oben gesehen haben, gibt es mehrere Bereiche von unser christliches Leben, in dem wir an Wissen wachsen müssen.

4. **Was kann eine Ortskirche tun, um ein ausgewogenes Wachstum der Christuserkenntnis ihrer Mitglieder zu gewährleisten?**

***

Wichtige Lernpunkte :

- Die Kenntnis des Heilsplans Gottes ist eine unabdingbare Voraussetzung für das Heil, da man Christus sein Leben nicht geben kann, ohne zu wissen, was Christus vollbracht hat. Ohne dieses grundlegende Wissen ist echtes christliches spirituelles Wachstum nicht möglich.
- Über das Wissen um die Erlösung hinaus muss der Christ Christus immer mehr kennen. Dieses Wachstum des Wissens kommt durch einen engen Kontakt mit Gott zustande, insbesondere durch persönliches Bibelstudium unter Anleitung des Heiligen Geistes, Gemeinschaft mit anderen Christen und Mentoring. Wir können unser Wachstum einschätzen, indem wir unsere heutige christliche Reife mit der früheren vergleichen.
- Wenn wir unser Wissen nicht erweitern, sind wir anfällig für alle Winde der Lehre, durch die wir in die Irre geführt werden könnten.

- Die Ortskirchen müssen bewusste Schritte unternehmen, um sicherzustellen, dass das Wissenswachstum der Gemeinde ausgewogen ist. Sie müssen eine Situation vermeiden, die heutzutage durchaus üblich ist und in der sich alle Predigten und Lehren immer um ein Thema drehen (normalerweise der Favorit des Pastors oder Gründers).

Gebet :

Vater, öffne die Augen unseres Verständnisses, um unser Bedürfnis nach Wachstum in allen Aspekten unserer Beziehung zu dir zu sehen, und gib uns die Gnade zu lernen, wie dein Heiliger Geist uns lehrt, in Jesu Namen Amen .

Studie 5 - Leben in Liebe

Haupttext : 1. Johannes 3: 11-18

Schlüsselvers : 1. Johannes 3:18 - *Liebe Kinder, lasst uns nicht mit Worten oder Reden lieben, sondern mit Taten und in Wahrheit.* " (NIV)

***

Die heiligen Schriften ermahnen uns, auf unserem Weg in die Ewigkeit mit Christus viele Dinge zu tun: Wache und bete, bleibe in Gemeinschaft mit anderen Christen, predige das Evangelium, wachse in der Erkenntnis, liebe einander und so weiter. Während wir diese Dinge lehren und predigen, überprüfen wir uns kaum anhand spezifischer Indizes, um zu testen, wie gut wir in diesen Fragen abschneiden. Wir sind oft wie Schüler, die ständig Unterricht nehmen, aber niemals Lerntests ausgesetzt sind. Es ist wichtig, dass wir uns als Individuen die Frage stellen: „Was lässt mich glauben, dass ich in Liebe lebe?" Bevor wir fortfahren, vertrauen wir alle darauf, dass die „Liebe", die wir hier meinen, die *Agape*- Liebe ist - die Art der Opferliebe Christus hat uns demonstriert.

1. **Schreiben Sie Ihnen persönlich einige Hinweise auf, die besagen, dass Sie jemand in dem Sinne liebt, wie es die Bibel in 1. Johannes 3:18 vorschreibt**

Unser Haupttext beginnt damit, uns zu befehlen, *„einander zu lieben"* (Vers 11) und schließt sich unmittelbar an mit der Warnung *„Sei nicht wie Kain, der dem Bösen gehörte und seinen Bruder ermordete..."* (Vers 12). Es warnt weiterhin vor Hass und der Tatsache, dass Hass gleichbedeutend mit Mord ist (Vers 15). Dies könnte für einen gelegentlichen Leser den Eindruck erwecken, dass wir, vorausgesetzt, wir hassen niemanden oder planen etwas Böses gegen ihn, die Person lieben. Liebe ist jedoch nicht die Abwesenheit von Hass. In 1. Johannes 3,16 heißt es: *„So wissen wir, was Liebe ist: Jesus Christus hat sein Leben für uns niedergelegt. Und wir sollten unser Leben für unsere Brüder und Schwestern niederlegen."*

2. **Geben Sie praktische Illustrationen zu jedem der folgenden Indikatoren für die Art von Liebe Gottes:**
   a. **Trage die Lasten des anderen, und auf diese Weise erfüllst du das Gesetz Christi. (Galater 6: 2)**
   b. **Tun Sie nichts aus egoistischem Ehrgeiz oder eitler Einbildung. Eher in Demut Wert andere über sich selbst, nicht auf Ihre eigenen Interessen, sondern jeder von Ihnen auf die Interessen der anderen. (Philipper 2: 3-4)**

Eine der Herausforderungen unserer Zeit besteht darin, dass wir es vorziehen, uns „um unsere eigenen Angelegenheiten zu kümmern", um nicht beschuldigt zu werden, in die Privatsphäre anderer eingegriffen zu haben oder sich in deren

Angelegenheiten einzumischen. Beziehungen, die nur bis in die Haut gehen, werden jedoch niemals dem Stresstest der Echtheit unterzogen. Unsere unparteiische Haltung hat dazu geführt, dass die Beziehungen selbst in der Kirche größtenteils oberflächlich sind - niemals tief genug, um Möglichkeiten zu erkennen, „die gegenseitigen Lasten zu tragen" oder „andere über sich selbst zu schätzen".

3. **Führen Sie einige konkrete praktische Schritte auf, die ein Christ unternehmen kann, um Möglichkeiten zu entdecken, die Lasten anderer zu tragen und andere über sich selbst zu stellen.**

Lieben birgt Risiken, und dies ist ein Grund, warum viele zögern, Liebe zu zeigen. Es besteht immer die Gefahr, verletzt, ausgenutzt, als selbstverständlich oder gar nicht geliebt zu werden. Aber das sind alles Risiken, die Christus eingegangen ist. Diejenigen, die er liebt, verletzen ihn immer noch durch Ungehorsam. Einige halten ihn für selbstverständlich, indem sie in der Sünde weitermachen (Römer 6: 1). Einige werden sogar abtrünnig, indem sie ihn direkt ablehnen - nachdem sie seine Liebe und Gnade erfahren haben (Hebräer 6: 4-6).

4. **Wie kann ein Christ trotz der Risiken weiterhin lieben?**

***

Hauptlernpunkt s :

- Wenn wir bestimmte Indikatoren im Kopf haben, die uns sagen, dass jemand uns liebt, sollten wir dieselben Kriterien bei der Beurteilung unserer Liebe zu anderen anwenden. (Wir schließen nicht, dass jemand uns liebt, nur weil er uns nicht verletzt!)
- Lieben bedeutet, echtes Interesse für das Leben anderer Menschen zu zeigen und sich für dieses relevant zu machen - indem wir uns ihnen auf die gleiche Weise hingeben, wie Christus sich für unsere Situation relevant gemacht hat.
- Die heutige Sichtweise, dass wir uns "um unser Geschäft kümmern" und nicht zu nahe an die Menschen heranrücken sollten, ist ein großes Hindernis für das Leben in Liebe. Wir müssen Schritte unternehmen, um Hindernisse für das Kennenlernen anderer zu überwinden, damit wir für ihre Situation relevant sind. Liebe zeigt sich in der Auseinandersetzung mit anderen.
- Lieben ist riskant, aber es ist ein Risiko, das wir eingehen müssen. Das Risiko ist, dass wir ausgenutzt, betrogen, enttäuscht oder gar nicht geliebt werden können. Lieben heißt nicht "reibe meinen Rücken und ich reibe deinen"; wir "reiben den Rücken anderer", können aber nicht erwidert werden. Wir müssen uns daran erinnern, dass Lieben nicht wie eine Unternehmensinvestition sein sollte, bei der die potenziellen Risiken uns abschrecken!

Gebet :

Herr, lehre uns, fleißig zu sein und unsere Hände für nützliche, ehrliche Arbeit einzusetzen, damit wir uns selbst versorgen und anderen helfen können, wie du es uns im Namen Jesu beigebracht hast. Amen.

Studie 6 - In die Ewigkeit investieren

Haupttext : Matthäus 6: 19-21; Philipper 4: 15-19; Matthew 25: 31-46

Schlüsselvers : Matthäus 6:20 - *„Aber hebt euch Schätze im Himmel auf, wo Motten und Ungeziefer nicht zerstören und wo Diebe nicht einbrechen und stehlen. "* (NIV)

***

Wir investieren unsere Ressourcen - Zeit, Geld, Liebe usw. in alles, was wir schätzen. Die Eltern würden alles daran setzen, um ihren Kindern eine gute Ausbildung zu ermöglichen. Ein Maler würde Hunderte von Stunden für ein Bild aufwenden, weil er glaubt, dass es sich irgendwann lohnen würde. Ein Geschäftsinhaber würde bis spät in die Nacht aufbleiben, um sich den Herausforderungen seines Geschäfts zu stellen. Wir investieren so viel in Dinge, die wir für einen Schatz halten, weil wir das Endprodukt im Blick haben - ein erfolgreiches Kind, ein Gemälde, das ein Vermögen wert ist, ein äußerst erfolgreiches Geschäft usw.

1. **Was sind die wichtigsten Dinge, die wir berücksichtigen, bevor wir entscheiden, dass sich eine Investition lohnt?**

In unserem Schlüsselvers hebt Jesus zwei Risikofaktoren für Investitionen hervor. Er weist darauf hin, dass eine Investition unter Umständen zugrunde gehen könnte - etwa wenn ein prächtiges Gebäude einstürzt oder unsere schönsten Kleider von Motten zerstört werden. Er weist auch auf die Möglichkeit eines Diebstahls hin. Denken Sie an Menschen, die teure Autos an Diebe oder ihre Ersparnisse an Betrüger verloren haben. Er spricht dann von einem Ort, an dem keines dieser Risiken besteht - und das ist der Himmel. Wenn Christen dies wirklich glaubten, sollte es einen Ansturm von Menschen geben, die ihre Ressourcen einsetzen, um ewige Werte zu fördern!

2. **A) Nennen Sie Möglichkeiten, in den Himmel zu investieren, denen sich die Christen offenbar nicht so verpflichtet fühlen, wie man es von denen erwarten würde, die wirklich an den Himmel glauben. B) Begründen Sie die lauwarme Haltung der Christen zu diesen Gelegenheiten.**

Einige Religionen, einschließlich des Islam, betrachten die Waffengabe an die Armen als eine Möglichkeit, in die Ewigkeit zu investieren. Der Apostel Paulus schrieb an die Philipper und bedankte sich für ihre Unterstützung . *Ich wünsche mir, dass Ihrem Konto mehr gutgeschrieben wird. "* (Philipper 4:17 NIV). Jesus sagt in der Bergpredigt: *„Gib, und es wird dir gegeben. Ein gutes Maß, zusammengedrückt, geschüttelt und überlaufend, wird in Ihren Schoß gegossen. Denn mit dem Maß, das du verwendest, wird es dir gemessen werden. "* (Lukas 6:38 NIV). In unserer dritten Textpassage (Mt 25) sprach Jesus davon, den Armen als Schlüsselthema für das Gericht zu geben. Aber er weist auch darauf hin darauf hinweisen, dass es möglich ist, den Armen etwas zu geben, ohne es für die Ewigkeit zählen zu lassen - siehe Matthäus 6: 2.

3. **Nennen Sie Beispiele für „Investitionen", die wir als Spenden tätigen und die nicht für die Ewigkeit gelten. Was sind die Kriterien für eine Investition in die Ewigkeit?**

Die zeitliche und materielle Unterstützung von Missionen ist zweifellos eine der offensichtlichen Möglichkeiten, wie ein Christ in die Ewigkeit investieren kann. Heute gibt es viele Missionen und Einzelinitiativen, die um unsere zeitliche und materielle Unterstützung konkurrieren. Versuche, alle uns gestellten Bedürfnisse zu befriedigen, könnten jedoch zu unklugen Investitionen führen und manchmal geradezu gegen Gottes Plan handeln. Gott warnte uns vor unseren Opfern: *„Opfere nicht deine Brandopfer, wo immer du willst. Biete sie nur an dem Ort an, den der Herr in einem deiner Stämme wählen wird, und beachte dort alles, was ich dir befehle. "* (5. Mose 12: 13-14 NIV.) Es ist klar, dass der Christ seine Opfer nur unter der Führung Gottes bringen muss. Aber wir dürfen uns niemals von der Angst vor falschen oder nicht genehmigten Investitionen davon abhalten lassen, überhaupt zu investieren!

4. **Wie stellen wir sicher, dass die Investition in Zeit und Material, die wir im Himmel zu tätigen glauben, vom Herrn angeordnet wird?**

***

Hauptlernpunkt s :

- Die Investition in Dinge von ewigem Wert ist die einzige risikofreie Investition, die wir jemals tätigen können. Jesus wies darauf hin, dass es nicht Korrosion, Wertminderung oder den Arten von Katastrophen unterworfen ist, die viele Investitionen in die Geschäftswelt treffen! - Matthäus 6:19.

- Wir investieren in die Ewigkeit, indem wir unsere Zeit, unser Geld, unser Material, unsere Leidenschaft und alles, was wir haben, in die Förderung des Reiches Gottes und in den Dienst an den Bedürftigen investieren.

- Investitionen, die wir in erster Linie mit dem Ziel tätigen, persönliche Vorteile wie Ruhm, menschliche Gunst und Beförderung zu erzielen, zählen nicht für die Ewigkeit. Jesus machte diesen Punkt, als er davor warnte, Waffen zur Schau zu stellen - Matthäus 6: 2

- Es gibt Hilfen, die wir Menschen geben, die ihnen nicht wirklich helfen. Es ist auch möglich, angeblichen Evangeliumsdiensten zu geben, zu deren Unterstützung Gott uns nicht berufen hat. Gott warnt davor, unser Brandopfer "auf jedem Altar, den Sie möchten" zu opfern (5. Mose 12: 13-14). In die Ewigkeit zu investieren, sollte unter der Führung des Heiligen Geistes erfolgen.

Gebet:

Vater, weise mich auf die Gelegenheiten hin, die du gutheißt und in die ich in die Ewigkeit investieren soll. Gewähre mir dabei die Gnade, dir vollständig zu gehorchen, und zwar im Namen Jesu. Amen.

Studie 7 : In Reinheit leben

Haupttext : Spalte 3: 1-11; Markus 7: 18-23

Schlüsselvers : *Kolosser 3: 8 - Aber jetzt müssen Sie sich auch von all diesen Dingen befreien: Wut, Zorn, Bosheit, Verleumdung und schmutzige Sprache von Ihren Lippen. "(NIV)*

***

Wir haben uns die Vorbereitungen angesehen, die wir treffen müssen, und Dinge, auf die wir auf unserer Reise in die Ewigkeit achten müssen. Während wir alle Vorbereitungen treffen - Dinge nehmen, die wir brauchen, Jahreszeiten beobachten usw. - müssen wir auf jeder Reise auch mögliche Gefahren berücksichtigen - Dinge, die unsere Reise vereiteln könnten. Die Bibel warnt uns immer wieder vor solchen Dingen, die unsere Reise in die Ewigkeit betreffen. Da die Natur unseres Ziels keine Verunreinigungen tolerieren würde, werden wir gewarnt, uns von allen Dingen fernzuhalten, die verunreinigen.

1. **Lassen Sie drei Teilnehmer die fünf größten Befleckungen auflisten, um die sie sich auf ihrem Weg in die Ewigkeit mit Christus am meisten sorgen.**

Die erste Warnung vor Unreinheit wurde von Jesus in unserem zweiten Text gegeben. Er gab diese Warnung als Antwort auf die Vorstellung der Pharisäer, dass das Essen ohne Händewaschen einen Mann befleckt. Jesus stellte das Prinzip der Reinheit auf, indem er sagte, dass nur was von einem Menschen kommt, ihn beschmutzen kann. Er führt sie konkret auf: *„Denn aus dem Herzen eines Menschen kommen böse Gedanken - sexuelle Unmoral, Diebstahl, Mord, Ehebruch, Gier, Bosheit, Betrug, Unanständigkeit, Neid, Verleumdung, Arroganz und Torheit"* (Markus 7: 21-22 (NIV). Apostel Paulus, der in seinem ersten Text an die kolossianischen Christen schreibt, wiederholt die Warnung vor Unreinheit: *„Töte... sexuelle Unmoral, Unreinheit, Begierde, böse Wünsche,... Gier, die Götzendienst,... Wut, Wut, Bosheit, Verleumdung und Dreck ist Sprache. "* (Kolosser 3: 5,8).

2. **Glauben Sie, dass Christen sich in all diesen Bereichen bewusst auf Reinheit untersuchen? Wenn nein, warum nicht?**

Es ist vielleicht fair zu sagen, dass die meisten von uns Sünden nach Schweregrad in ihren Köpfen bewerten, wenn auch nicht offen, sicher auf unbewusste Weise. Sexuelle Sünde, Mord und Lügen gelten im Allgemeinen als am schwersten. (Wenn Sie hören, dass jemand „in Sünde" lebt, wird dies normalerweise als sexuelle Sünde angesehen.) In der Tat warnt die Bibel besonders vor sexueller Sünde. Apostel Paulus spricht die sexuelle Sünde folgendermaßen aus: *„Flieht vor der sexuellen Unmoral. Alle anderen Sünden, die ein Mensch begeht, liegen außerhalb des Körpers, aber wer auch immer sexuell sündigt, sündigt gegen seinen eigenen Körper. "* (1. Korinther 6:18 NIV.) Wir sehen hier, dass sexuelle Sünde nicht nur unseren Weg in die Ewigkeit behindert, sondern unseren Körper verletzt. Leider ist es trotz zahlreicher Warnungen vor sexueller Sünde und praktischer Tipps, die angeboten werden, um Christen aus den Versuchungen herauszuhelfen, die vielleicht am weitesten verbreitete Verunreinigung, mit der Christen zu kämpfen haben. Die Bibel versichert uns, dass Gott immer einen Ausweg bietet, nicht nur aus der sexuellen Versuchung, sondern auch aus allen Versuchungen, zu sündigen (1. Korinther 10,13).

3. **Warum entkommen wir oft nicht der Versuchung, die Gott immer bereitstellt, und was können wir dagegen tun?**

Alle Sünden verunreinigen und behindern unsere Reise in die Ewigkeit, und es ist wichtig, dass wir uns nicht nur vor den schwerwiegendsten Sünden hüten, sondern vor allen Sünden. Habgier, Neid, Bosheit, Wut, Verleumdung, Arroganz allesamt beschmutzen. Apostel Paulus warnte die Christen in Korinth vor dem Abendmahl, dass die Verachtung derer, die nichts zu essen haben, dazu führt, dass die Einheit des Leibes Christi nicht erkannt wird und dass dies zu Krankheit und Tod unter ihnen geführt hat! (1. Korinther 11: 20-30).

4. **Lassen Sie einige Teilnehmer ihre persönlichen Erfahrungen mit einer der weniger besprochenen oder „weniger ernsten" Sünden teilen, seit sie zu Christus gekommen sind.**

***

Hauptlernpunkt s :

- Jesus Christus bekräftigt, dass die Dinge, die uns verunreinigen (dh unrein machen), aus unserem Inneren kommen. Sie haben nichts damit zu tun, was wir essen oder wie wir aussehen - sie kommen von innen - Markus 7: 18-23. All diese Dinge hindern uns daran, das Rennen effektiv zu führen - Hebräer 12: 1

- Während wir dazu neigen, einige Sünden als schwerwiegender als andere zu betrachten - typischerweise sexuelle Sünde, Mord und Diebstahl -, verunreinigen alle Sünden und wir sollten unsere Reinheit anhand all dieser Sünden und nicht nur der "großen Sünden" beurteilen.

- Gott bietet immer einen Weg, der Versuchungen zu jeder Sünde zu entkommen. Damit dies jedoch für uns von Nutzen ist, müssen wir bereit sein zu fliehen. Wir müssen bereit sein zu schreien: "Herr, hilf mir! Wie kann ich fliehen?" Der Fluchtweg nützt keinem, der die Sünde genießt und in ihr bleiben will!

- Gott hält es für eine schwere Sünde, den Leib des Herrn - die Einheit des Leibes Christi - nicht zu erkennen. es führte zur Krankheit und zum Tod einiger korinthischer Christen. Siehe 1 Korinther 11: 18-30. Diejenigen, die Spaltungen in der Kirche verursachen, sollten sich dessen bewusst sein!

Gebet :

Vater, mach mich sensibel für alle Sünden, die beschmutzen. Gib mir die Gnade und den Willen, ihnen zu widerstehen, damit ich mit dir in Reinheit bis in alle Ewigkeit wandle. In Jesu Namen, Amen.

.
.
.

Studie 8 - Leben im Glauben

Haupttext: Hebräer 11: 1-11

Schlüsselvers: *Hebrews 11: 6 - "Und ohne Glauben ist es unmöglich, Gott zu gefallen, weil jeder, der zu ihm kommt, glauben muss, dass er existiert und dass er diejenigen belohnt, die ihn ernsthaft suchen." (NIV)*

***

Bei der Vorbereitung auf unsere Reise in die Ewigkeit sagen uns die heiligen Schriften, dass der Gedanke „Sehen ist Glauben" uns nicht weit bringen würde. Um überhaupt auf die Reise zu gehen, müssen wir Ihn beim Wort nehmen - glauben Sie, was wir nicht sehen können. Hören Sie ihn: *„Jetzt ist Glaube Vertrauen in das, was wir erhoffen, und Gewissheit darüber, was wir nicht sehen. ... Und ohne Glauben ist es unmöglich, Gott zu gefallen, denn jeder, der zu ihm kommt, muss glauben, dass er existiert und dass er diejenigen* *belohnt, die ihn ernsthaft suchen."* (Hebräer 11: 1,6.) Einige lernen Christus durch ein dramatisches Erleben seiner Macht kennen - etwa durch Heilung oder Befreiung von einer Tragödie. Solche Menschen können als privilegiert angesehen werden, da eine solche Erfahrung so ist, als ob Gott sie sehen lässt, um ihnen zu helfen, zu glauben. Für viele mussten sie jedoch einfach glauben, bevor sie etwas erlebten!

1. **Was sind für diejenigen, die Christus nicht durch sein spezifisches dramatisches Eingreifen in ihr Leben kennenlernen, die Haupthindernisse für den errettenden Glauben an Christus und wie werden sie im Prozess der Wiedergeburt überwunden?**

Nachdem wir Christus kennen gelernt haben, wird unsere Reise in die Ewigkeit vom Glauben getragen. Hören Sie Apostel Paulus: „*Ich bin mit Christus gekreuzigt worden und lebe nicht mehr, aber Christus lebt in mir. Das Leben, das ich jetzt im Körper lebe, lebe ich durch den Glauben an den Sohn Gottes, der mich liebte und sich für mich* hingab." (Gal 2:20 NIV). Leider wird uns manchmal der Eindruck vermittelt, wenn wir unser Leben Christus geben, dass wenn wir diese Schlüsselentscheidung einmal getroffen haben, alles glatt läuft - alle unsere Probleme wären vorbei. Dies führt bei vielen zu Frustration, und einige junge Konvertiten geben den Glauben ganz auf. In Wirklichkeit könnten die Dinge tatsächlich härter werden, wenn man zu Christus kommt.

2. **Nennen Sie Beispiele für besondere Herausforderungen, denen sich jemand stellen kann, der Christus kennenlernt, denen sich diejenigen, die ihn noch nie gekannt haben, nicht stellen können. Warum erlaubt Gott den Christen, sich diesen Herausforderungen zu stellen?**

Wir werden ermutigt, uns auf Verheißungen in den heiligen Schriften zu stützen, um auf diesem Weg des Glaubens Nahrung zu finden: Verheißungen, dass Gott uns niemals verlassen würde (Heb 13: 5); *„... Was auch immer Sie im Gebet verlangen, glauben Sie, dass Sie es erhalten haben, und es wird Ihnen gehören."* (Markus 11:24); *„Aber diejenigen, die auf den HERRN hoffen, werden ihre Kraft erneuern. Sie werden auf Flügeln wie Adler schweben; sie werden rennen und nicht müde werden, sie werden gehen und nicht ohnmächtig werden "* (Jes 40,31). Die Ehrlichkeit verlangt, dass wir zugeben, dass unsere Erfahrung diese Schriftstellen oft nicht zu bestätigen scheint. Aber wir erkennen an, dass die Schriften wahr sind.

3. **Geben Sie einige Gründe an, warum einige Verheißungen in der Heiligen Schrift nicht durch unsere persönlichen Erfahrungen bestätigt zu werden scheinen. Kommentieren Sie die Konsequenzen solcher offensichtlichen Widersprüche für unseren Glauben und unser Leben.**

Es ist wichtig, dass wir auf die Rolle achten, die wir bei der Verwirklichung der Verheißungen Gottes für unser Leben spielen. Erstens müssen wir sicher sein, dass wir behaupten, was Gott uns tatsächlich versprochen hat. Dann sollten wir beachten, dass Glaube und Gehorsam Hand in Hand gehen. Schließlich müssen wir, während wir im Glauben gehorchen, bei jedem Schritt ständig auf seine Anweisungen hören. Darüber hinaus ist Gott souverän und kann nicht immer gewähren, was wir verlangen, auch wenn wir gehorsam waren und gefragt haben, was in seinem Willen offensichtlich erscheint. *Lesen Sie Daniel 3: 17-18 und nehmen Sie es in Besitz* .

* * *

Hauptlernpunkt s :

- Während wundersame Befreiung von schrecklichen Situationen - entweder für den Einzelnen oder für einen geliebten Menschen - viele Menschen auf einfache Weise zu Christus geführt hat, haben diejenigen, die Christus kennenlernen, indem sie einfach auf das Evangelium hören und daran glauben, oft echte Herausforderungen, bevor sie zum Glauben kommen ihm. Dazu gehören ihr rationales Denken und die möglichen Folgen der Unterwerfung unter Christus. Nur der Heilige Geist kann den Sünder zur Umkehr und zum rettenden Glauben an Christus führen.
- Wir brauchen den Glauben, nicht nur um gerettet zu werden, sondern um uns auf der

Reise in die Ewigkeit zu unterstützen, denn die Reise verläuft niemals reibungslos! Apostel Paulus bekräftigte dies, als er sagte: "Das Leben, das ich jetzt lebe . Ich lebe durch den Glauben an den Sohn Gottes . " (Galater 2:20).

- Um durch Glauben Anspruch zu erheben und von Gottes Verheißungen zu profitieren, müssen wir (a) sicherstellen, dass die Verheißung für uns ist, (b) dass wir Ihm gehorsam sind und (c) dass wir die Gewährung unserer Bitte nicht zu einer Bedingung für unsere Verheißung machen Geht weiter mit Ihm. Er ist souverän und kann sich dafür entscheiden, einem Antrag nicht zuzustimmen, auch wenn wir unseren Teil dazu beigetragen haben.
- .

Gebet :

Vater, ich bin entschlossen, auf dieser Reise in die Ewigkeit im Glauben zu wandeln. Lehre mich, meinen Teil zu kennen und Dir im absoluten Glauben zu gehorchen. In Jesu Namen, Amen.

Studie 9 : Durchhalten in Trübsal

Haupttext : Römer 8: 18-23, 2. Timotheus 4: 5-8

Schlüsselvers : Römer 8:18 - *„Ich denke, dass unsere gegenwärtigen Leiden es nicht wert sind, mit der Herrlichkeit verglichen zu werden, die in uns offenbart wird."* (NIV)

***

Atheisten (diejenigen, die nicht an die Existenz Gottes glauben) und Agnostiker (diejenigen, die behaupten, an nichts anderes als das zu glauben, was sie sehen) fordern die Christen angesichts der weit verbreiteten Turbulenzen, Leiden und Ungerechtigkeiten auf der ganzen Welt häufig heraus. Sogar Christen werden oft erwischt, wenn sie Hoffnungslosigkeit und extremen Negativismus über die Zukunft zum Ausdruck bringen. Eine der größten Schwierigkeiten beim Leiden besteht darin, Sinn und Zweck zu finden. Wenn wir das tun, sind wir normalerweise bereit, uns damit abzufinden. Der Christ kann diesen Sinn und Zweck nur in den heiligen Schriften finden. Apostel Paulus weist in unserem heutigen ersten Text darauf hin, dass die gesamte Schöpfung als Teil des gesamten ewigen Plans Gottes Turbulenzen ausgesetzt ist: *„Die Schöpfung war nämlich nicht nach eigener Wahl, sondern nach dem Willen desjenigen, der sie hat enttäuschen müssen unterwarf es ..."* (Römer 8:20 NIV).

1. **A) Nennen Sie einige typische Frustrationen in Ihrer Umgebung, die manchmal die Frage aufwerfen könnten, ob Gott wirklich die Kontrolle hat und wenn ja, warum er die Dinge so lässt, wie sie sind. B) Welche dieser Frustrationen sind spezifisch für Christen?**

Es war im Kontext des christlichen Leidens, dass Jesus darauf hinwies, dass die Schöpfung der Frustration ausgesetzt war - siehe Römer 8: 17-18. Er weist darauf hin, dass die gesamte Schöpfung, wie sie heute ist, verfälscht wurde und unter Stress steht. Diese Verderbnis der Schöpfung stellt für den Christen eine besondere Herausforderung dar, der sich jeder gegenübersieht: *„Ich habe Ihnen diese Dinge gesagt, damit Sie in mir Frieden haben. In dieser Welt wirst du Schwierigkeiten haben. Aber nimm Mut! Ich habe die Welt überwunden "* (Johannes 16:33 NIV). Die Trübsal wäre so schlimm, dass er einmal die rhetorische Frage stellte: *„Wenn der Menschensohn kommt, findet er dann Glauben auf Erden?"* (Lukas 18: 8 NIV).

2. **Welche Reaktionen hat die Welt auf das globale Durcheinander von Moral, Gewalt, extremem Leid, Terrorismus, Naturkatastrophen und vom Menschen verursachten Katastrophen entwickelt, und wie wirksam sind diese Reaktionen?**

Für den Christen ist es wichtig, sowohl die globalen Turbulenzen als auch die christenspezifischen Schwierigkeiten im Kontext der Schrift zu sehen. Ohne dies würde sich der Christ genauso hilflos fühlen wie der Rest der Welt - noch hilfloser als der Rest der Welt, weil er mehr Schwierigkeiten gegenübersteht. Jesus warnte davor, als er voraussah: *„Die Herzen der Menschen versagen, weil sie Angst haben und sich um die Dinge* kümmern, *die auf die Erde kommen ..."* (Lukas 21:26 King James Version).

3. **Welche praktischen Schritte kann der Christ unternehmen, um zu verhindern, dass sein Herz ihn vor Angst angesichts so vieler weltweiter und persönlicher Turbulenzen im Stich lässt?**

Eine der Herausforderungen der heutigen Kirche ist die weitverbreitete Botschaft an ihre Mitglieder und an die Welt, dass die Hinwendung zu Christus eine Flucht vor den Leiden der Welt darstellt. Aus dem Vorstehenden geht klar hervor, dass diese Ansicht nicht mit der Schrift vereinbar ist. Die Realität der Trübsal für die ganze Welt und noch mehr Trübsal für die Christen müssen anerkannt werden, ebenso wie die Tatsache, dass Gott die Ressourcen bereitstellt, die der Christ benötigt, um sich der Realität zu stellen. Dies ist das ausgewogene Evangelium, das der Welt dargeboten werden sollte.

4. **Was sind die angemessenen Antworten des Christen auf eine Welt, die Gottes Relevanz für die ständigen Turbulenzen in der Welt nicht erkennt?**

***

Hauptlernpunkt s :

- Das Chaos in der heutigen Welt ist, weil die gesamte Schöpfung durch Gottes Willen enttäuscht wurde (siehe Römer 8:20), und die Enttäuschung wird nicht nachlassen, bis der Herr kommt.
- Abgesehen von der Frustration, die allen Menschen gemeinsam ist, steht der Christ vor zusätzlichen Herausforderungen - und manchmal auch vor Frustration -, weil Gottes Geist in ihm oder ihr die Übel in der verderbten Welt nicht tolerieren würde.
- Damit der Christ stark bleibt, muss er oder sie diese Schwierigkeiten im Licht der Schrift sehen und sich die Ressourcen zunutze machen, die Gott für sein eigenes Leben zur Verfügung stellt, um in der schwierigen Welt zu überleben.
- Es ist wichtig, die Realität der Trübsal mit denjenigen zu teilen, die Christus zum ersten Mal kennenlernen - insbesondere die Tatsache, dass die Unterwerfung unter Christus mehr Probleme für sie bedeuten könnte. Wenn wir diese Realität teilen, müssen wir auch die Realität und die Effektivität der Ressourcen teilen, die Gott bereitstellt, um den Christen die notwendige Kraft zum Stehen zu geben.

Gebet :

*Vater, danke, dass du uns vor der bevorstehenden Trübsal in der Welt gewarnt hast, und besonders für uns, deine Kinder. Gewähren Sie uns die Gnade, alle Ihre Vorräte für diese unruhigen Zeiten zu nutzen .
In Jesu Namen, Amen .*

Studie 10 - Das Evangelium predigen

Haupttext : Matthäus 28: 19-20; 24:14

Schlüsselvers : Matthäus 24:14 - *„Und dieses Evangelium des Königreichs wird in der ganzen Welt als Zeugnis für alle Nationen gepredigt, und dann wird das Ende kommen. "* (NIV)

***

EINLEITUNG: Es gibt kaum einen engagierten Christen, der die Tatsache bestreiten würde, dass Jesus Christus Christen beauftragt hat, das Evangelium auf unserer Reise in die Ewigkeit mit ihm zu predigen. Unser Schlüsselvers zeigt, dass das Erreichen der Welt durch Verkündigung des Evangeliums eine Möglichkeit ist, seine Rückkehr zu beschleunigen. Apostel Paulus unterstrich die Rolle der Christen in dieser Prophezeiung, als er schrieb: *„Wie können sie dann die anrufen, an die sie nicht geglaubt haben? Und wie können sie an den glauben, von dem sie nichts gehört haben? Und wie können sie hören, ohne dass jemand zu ihnen predigt? "* (Römer 10:14 NIV).

1. Welche Bedeutung hat der Ausdruck „als Zeugnis für alle Völker" in der Prophezeiung, mit dem Evangelium die Welt zu erreichen, und wie definiert er, worauf wir bei der Evangelisation abzielen sollen?

Die frühen Christen erfüllten diesen Befehl größtenteils durch Haus-zu-Haus-Evangelisation (besonders in den Tagen unmittelbar nach Pfingsten) und indem sie etablierte Strukturen wie Synagogenversammlungen ausnutzten. Diese sind zusätzlich zu ihrem vorbildlichen Leben. Heutzutage gibt es weit mehr Kanäle, um das Evangelium zu predigen, von denen jeder unterschiedlich erfolgreich ist, um Menschen zu Christus zu führen. Neben dem, was die frühen Christen hatten, haben wir große organisierte Kreuzzüge und mehrere Plattformen in elektronischen Medien.

2. **Lassen Sie die Teilnehmer, die sich sicher sind, dass sie wiedergeboren sind, ihre Erfahrungen mit dem Kanal, über den sie das Evangelium verstanden haben, teilen, bis sie in der Lage sind, ihr Leben Christus zu widmen.**

Während es relativ einfach ist, das Evangelium einer Kirchengemeinde oder sogar einer vorbereiteten Kreuzzugssammlung zu predigen, besteht kein Zweifel daran, dass die Verkündigung des Evangeliums außerhalb solcher Versammlungen in der heutigen Gesellschaft eine zunehmende Herausforderung darstellt. Das moderne Denken betrachtet das Evangelium in vielen nicht-weißen Gesellschaften zunehmend als abergläubisch, veraltet, unwissenschaftlich, als „Religion des weißen Mannes" und für politisch Gesinnte als „neokolonialistische Agenda". Trotz der Ungeschicklichkeit des Predigens befiehlt uns Apostel Paulus, *„... Gottes Botschaft zu predigen.*

Tue es bereitwillig, auch wenn es nicht das übliche ist. " (2. Timotheus 4: 2a CEV).

3. **(a) Was sind die besonderen Herausforderungen beim Predigen des Evangeliums über die verschiedenen zuvor genannten Kanäle und wie reagieren Christen auf diese Herausforderungen? (b) Wie sind einige der Herausforderungen, die sich der Christ selbst zufügt?**

Wie wir in einer früheren Studie in dieser Reihe festgestellt haben, ist die Entscheidung für Christus nur der Beginn einer ewigen Reise. Was der Herr wünscht, ist, dass wir Jünger treffen - Menschen, die nicht nur eine einmalige, ereignisreiche Entscheidung treffen, sondern danach ihr Leben als seine Nachfolger leben: *„Darum gehe und mache Jünger aller Nationen und taufe sie im Namen von der Vater und des Sohnes und des Heiligen Geistes und lehrte sie, alles zu befolgen, was ich dir geboten habe. ... "* (Matthäus 28: 19-20a NIV).

4. **Lassen Sie die Teilnehmer, die sich als Jünger Jesu Christi betrachten, mitteilen, warum sie wissen, dass sie Jünger sind und nicht nur wiedergeboren werden.**

***

Hauptlernpunkt s :

- Wir haben den Auftrag, Christus der Welt bekannt zu machen - die Menschen dazu zu bringen, Gottes Heilsplan zu verstehen, bis sie in der Lage sind, eine Wahl zu treffen, um gerettet zu werden. Dies ist das "Zeugnis für alle Nationen", von dem Christus sprach. Er versprach uns nicht, dass alle, die hören, glauben würden.
- Neben den Herausforderungen, die die feindliche Welt an das Evangelium stellt, tragen wir Christen oft dazu bei, auf unsere Art und Weise Widerstand gegen das Evangelium zu leisten. In der Tat könnte das Versäumnis des Christen, das Evangelium zu leben, eine stärkere Ursache für die Ablehnung des Evangeliums durch Ungläubige sein als die rebellische Einstellung der Welt.
- Unser oberstes Ziel bei der Verkündigung des Evangeliums ist es, Menschen zu Jüngern zu machen - und nicht nur zu sehen, wie sie auf einen Altarruf reagieren, um Erlösung zu erlangen. Es ist daher wichtig, dass wir einen wirksamen Nachfolge- und Betreuungsplan für diejenigen haben, die Christus kennenlernen.

Gebet :

Vater, treibe uns weiter an, das Evangelium zu predigen, auch wenn es dir unpraktisch erscheint. Mögest du es, wie wir es predigen, durch die Kraft deines Geistes bestätigen und viele in dein Reich bringen. In Jesu Namen, Amen

Studie 11 - Realität der Ewigkeit

Haupttext: L uke 16: 19-31; Markus 9: 42-48

Schlüsselvers: Lukas 16:31 - *Er sagte zu ihm: Wenn sie nicht auf Mose und die Propheten hören, werden sie nicht überzeugt sein, auch wenn jemand von den Toten auferweckt wird. "* (NIV)

***

Obwohl jeder Mensch, der in diese Welt hineingeboren wird, das Gefühl hat, dass es etwas jenseits dieses Lebens gibt, leben viele immer noch so, als gäbe es nichts mehr jenseits des Grabes. Selbst unter bekennenden Christen ist die Ewigkeit trotz unserer Anerkennung der Ewigkeit und der biblischen Lehre der ewigen Konsequenzen, wie wir hier auf Erden leben, irgendwie im Hinterkopf mehr Kopfwissen. Die größte Herausforderung für das Leben besteht darin, mit dem Bewusstsein der Ewigkeit zu leben. Die Geschichte von dem reichen Mann und Lazarus, von der Jesus in unserem Haupttext sprach, war keine Parabel. Es gab einen echten Mann, dessen Namen wir nicht kennen, der reich war, und es gab einen armen Mann, von dem Jesus sagte, er sei Lazarus.

1. **Was hätte der Reiche in Anbetracht von Lukas 16: 19-21 anders machen können, um ein echtes Bewusstsein für die Ewigkeit in der Art und Weise zu zeigen, wie er lebte, insbesondere in seiner Beziehung zum armen Mann?**

In Markus 9,43 sprach Jesus von zwei möglichen Folgen des Sterbens. Einer soll „ins Leben treten", der andere soll „in die Hölle geworfen" werden. In Vers 48 beschreibt er die Hölle als *„wo die Würmer, die sie fressen, nicht sterben und das Feuer nicht gelöscht wird".* Jesus untermauerte dies in seiner Offenbarung an Johannes - siehe Offenbarung 20: 12-15. Die moderne Gesellschaft versucht uns zu überzeugen, dass dies nur Aberglaube ist. Viele befürworten diese Idee, bis zu dem Punkt, dass das Wort „Hölle" heutzutage in Kirchen nur noch selten verwendet wird, weil es Menschen unangenehm macht. Die Anziehungskraft des Evangeliums wurde auf das reduziert, was es für uns hier auf Erden tun könnte.

2. **Nennen Sie einige Faktoren, die dazu neigen, das Bewusstsein der Ewigkeit in den Köpfen der Menschen zu trüben. Inwiefern tragen Christen zu diesem Phänomen bei?**

Es gab mehrere Predigt- und Lehrsitzungen von Jesus, als er auf Erden war, auf die wir nicht über die Reaktion seiner Zuhörer informiert sind. Die Geschichte des reichen Mannes und des Lazarus ist eine davon. Jesus zeichnete ein sehr anschauliches Bild davon, wie es sein könnte, wenn wir in die Ewigkeit übergehen - wie die Reichen und die Armen Orte tauschen könnten, das Bedauern eines reichen Mannes und ein Gefühl der Angst und Verzweiflung über die noch lebenden Lieben. Das Ziel der Geschichte war es, dass die Menschen wissen, dass Himmel und Hölle real sind, dass wir dort unser Bewusstsein bewahren (einschließlich der Anerkennung von Menschen), dass wir die

Wahl treffen müssen und dass unsere
Entscheidungen ewige Konsequenzen haben.

3. **Welche Gefühle weckt die Geschichte von dem reichen Mann und Lazarus in Ihnen und welche persönlichen Handlungen möchten Sie unternehmen?**

Der reiche Mann glaubte, dass jemand, der von den Toten auferstanden war, um seinen noch auf Erden lebenden Brüdern zu predigen, zuhören würde. Abraham sagte ihm, wenn diese Brüder den Propheten nicht glauben würden, würden sie auch nicht glauben, wenn jemand von den Toten zu ihnen predigte - Lukas 16: 27-31. Heute haben wir mehrere Geschichten von Menschen, die für einige Minuten oder sogar Stunden gestorben sind und durch ihre Erfahrung wieder zum Leben erweckt wurden. Einige der Geschichten sind zu Ankern für einige Prediger geworden, die das Evangelium predigen.

4. **Welche langfristigen Auswirkungen haben die dramatischen und wunderbaren Erfahrungen anderer Menschen auf unseren persönlichen Glauben, und wo sollten solche Zeugnisse in unserem Leben stehen?**

***

Hauptlernpunkt s :

- Jenseits des Grabes gibt es ein Leben, in dem jeder Mensch bei Bewusstsein ist, sich an alles erinnert, was in seinem oder ihrem Leben passiert ist, und die vollen Auswirkungen der Art und Weise, wie wir auf der Erde gelebt haben, werden ins Bewusstsein gebracht. Wir müssen daher alles, was wir tun, auf der Skala der ewigen Werte abwägen.

- Die heutige Welt möchte uns immer wieder glauben machen, dass die Vorstellung vom Leben jenseits des Grabes abergläubisch ist. Heutzutage sprechen weniger Prediger in ihren Botschaften von Himmel und Hölle, weil es unpopulär ist, dies zu tun. Die Kirche läuft Gefahr, dem Evangelium die Ewigkeit zu nehmen, um es anzunehmen.

- Während es mehrere Geschichten von Menschen gibt, die für ein paar Stunden gestorben sind und zum Leben zurückgekehrt sind und von ihren Erfahrungen in diesen Stunden des Todes Zeugnis ablegen, darf unser Glaube an die Tatsache, dass wir jenseits des Grabes leben, nicht von solchen Zeugnissen abhängen, sondern von Gottes Wort .

Gebet :

Vater, danke für die Zusicherung der Ewigkeit mit dir. Wir glauben deinem Wort in Bezug auf Himmel und Hölle und bitten um deine Gnade, den Weg zu gehen, der zum Himmel führt. In Jesu Namen, Amen.

Studie 12 - Die Zeit einlösen

Haupttexte : Epheser 5: 15-21, Prediger 3: 1-11

Schlüsselvers: Epheser 5: 15-16 - *„Sei also sehr vorsichtig, wie du lebst - nicht so unklug, sondern so weise, und nutze jede Gelegenheit, denn die Tage sind böse."* (NIV)

***

Wir haben früher gesehen, dass unser Austritt aus diesem Leben den Meilenstein darstellt, der uns in die Ewigkeit führt - eine Zeit, die unendlich ist und nicht gemessen werden kann. Unsere Zeit bis zum Beginn der Ewigkeit ist begrenzt. Der Herr dachte an diese Realität, als er sagte: *„Solange es Tag ist, müssen wir die Werke desjenigen tun, der mich gesandt hat. Die Nacht kommt, in der niemand arbeiten kann. "* (Johannes 9: 4 NIV) Der Ausdruck„ Die Zeit erlösen "stammt aus King James Version von Epheser 5: 16: *„ Die Zeit erlösen, weil die Tage böse sind "*. Zu den weiteren Darstellungen des Verses gehört das „Ausnutzen jeder Gelegenheit" (NIV) und das „Ausnutzen der Zeit" (ESV). In vielen Unternehmen Organisationen , sind Personal zeitSchreib erforderlich - ein System , bei dem eine Zeit auf verschiedenen Aufgaben als Grundlage für die Berechnung der Vergütung ausgegeben aufzeichnet. Es zählt nur die Zeit, die für genehmigte Aktivitäten aufgewendet wird. Bei „Die Zeit einlösen" geht es darum, Zeit mit Dingen zu verbringen, die zählen.

1. **Welche Veränderungen in der Art und Weise, wie wir unsere Zeit verbringen, sollten sich daraus ergeben, dass wir Christus kennenlernen, und wie sollte sich unser Lebensmuster ändern, wenn wir in Ihm wachsen?**

In den früheren Versen von Epheser 5 erinnerte Paulus die Epheser an negative Dinge, mit denen sie beschäftigt waren, bevor sie Christus kennen lernten. Vor diesem Hintergrund fordert er sie nun auf, ihre Zeit mit Dingen von ewigem Wert zu füllen. Während wir uns möglicherweise nicht mehr auf die negativen Dinge einlassen, in denen wir uns befanden, bevor wir Christus kennen lernten, müssen wir unsere Zeit mit wertschöpfenden Dingen füllen, um das Beste aus unserer Zeit herauszuholen. Jesus gab die Aussage in Johannes 9: 4 im Zusammenhang mit der Heilung eines Blinden ab. Je älter wir werden, desto eher bereuen wir Dinge, die wir in unseren früheren Jahren nicht getan haben. Es könnte eine verpasste Gelegenheit sein, mit jemandem über Christus zu sprechen, über das materielle oder emotionale Bedürfnis eines Menschen, dem wir begegnet sein könnten, oder über eine Fähigkeit, die wir uns hätten aneignen können.

2. **Nennen Sie einige Gründe, warum wir Gelegenheiten nicht nutzen, um etwas Positives zu tun, wozu wir in der Lage sind, was wir später bedauern.**

Während ein älterer Mensch in jungen Jahren verpasste Gelegenheiten bereut, hat jeder Tag, an dem wir auf der Erde leben - sogar im Alter - seine

Gelegenheiten. Dies bedeutet, dass der Befehl zum Einlösen der Zeit in allen Lebensphasen gilt. Es ist wichtig, dass wir Chancen identifizieren, die sich auf unsere Lebensphase und unsere Umstände beziehen, und unser Möglichstes tun, um wertschöpfende Aktivitäten zu unternehmen. Die Möglichkeit, das Evangelium zu predigen, besteht jedoch in jedem Alter, auch wenn Ansatz und Stil mit dem Alter variieren können.

3. **Listen Sie Möglichkeiten auf, um die Zeit in diesen Lebensphasen einzulösen:**
    a. **Als junger Mensch noch auf Eltern oder Erziehungsberechtigte angewiesen**
    b. **Als junger bis mittlerer Profi**
    c. **Als "Senior" vielleicht mit den meisten Kindern unabhängig**

Zum Einlösen der Zeit gehört auch, den Unterschied zwischen dem Guten und dem Besten zu kennen. Es gibt heute anscheinend lobenswerte Aktivitäten, die das Beste ersetzen könnten, wofür Gott uns Zeit gibt. Insbesondere gibt es gute Gründe - vor allem humanitäre -, von denen wir wissen, dass sie wichtiger sind als das Evangelium zu predigen.

4. **Wie sollten wir auf Aufforderungen reagieren, humanitären Belangen mehr Zeit zu geben, ohne die Verkündigung des Evangeliums zu untergraben?**

***

Hauptlernpunkt s :

- Die Zeit einzulösen bedeutet, die Zeit, die wir auf Erden haben, optimal zu nutzen und das zu tun, was zählt, insbesondere die Dinge, die das Reich Gottes aufbauen.
- Unabhängig von unserem Alter oder unserer Lebensphase gibt es immer Möglichkeiten, unsere Zeit optimal zu nutzen. Die Vorstellung, dass wir in ein Alter kommen, in dem es uns angenehm ist, nichts zu tun, widerspricht der Einlösung der Zeit. Die Botschaft des Evangeliums kann von Menschen jeden Alters verkündet werden, auch wenn der Übermittlungsstil variiert.
- Es gibt heute Druck, die Verkündigung des Evangeliums für lobenswerte Zwecke zu opfern. Während wir uns für humanitäre Zwecke engagieren sollten, sollten wir sie als Gelegenheit sehen, Gottes Liebe im Evangelium zu demonstrieren und nicht als Ersatz für das Evangelium.

Gebet :

Vater, lehre uns, unsere Prioritäten auf Deine Prioritäten abzustimmen, damit wir Zeit für Dinge haben, die Dein Reich fördern. In Jesu Namen. Amen.

Ende

www.ingramcontent.com/pod-product-compliance
Lightning Source LLC
LaVergne TN
LVHW021735060526
838200LV00052B/3296